宿谷昌則…監修　鈴木信恵…著

寒さとくらし

図解こどもエコライフ

乾燥帯　　寒帯　　冷帯

ほるぷ出版

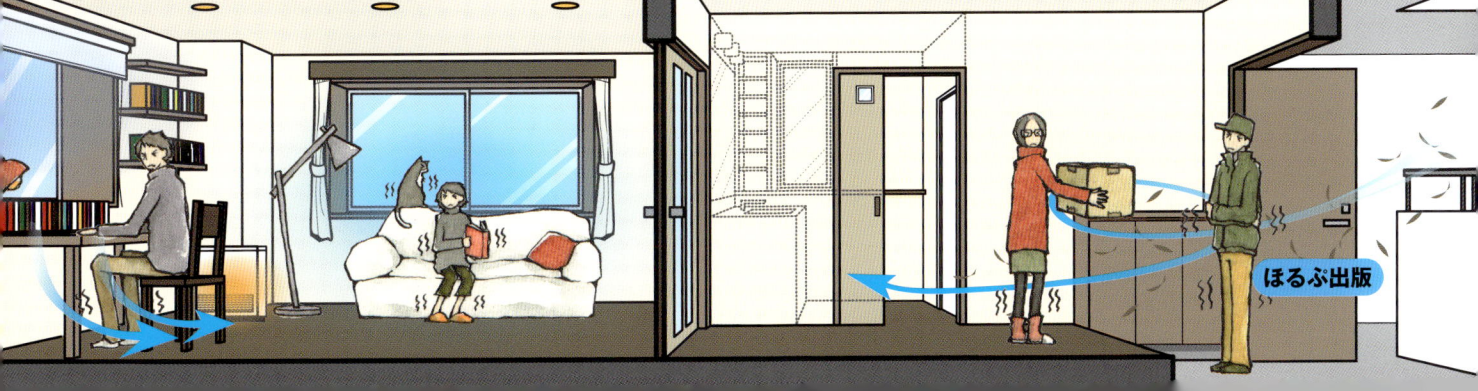

はじめに

　わたしたち人間は、地球という星で、ふりそそぐ太陽の光や熱、雨水や風、植物などの自然のおかげでくらすことができる生き物のひとつです。
　生き物と地球の自然とのかかわり方を考えるという意味に、英語の「エコロジー」からきた「エコ」という言葉があります。「エコロジー」のもとになった古代ギリシャ語のオイコスという言葉には、家族が集まってくらす「住まい」という意味もあったそうです。つまり、『エコライフ』とは、地球の自然をいかした住まい、そこでいとなむくらしのことなのです。
　人間は、地球のさまざまな場所で暑さや寒さなどから身を守るために、その土地の自然をいかして知恵や工夫をこらしてつくった「住まい」でくらしてきました。昔のくらしは、水くみや火おこしにも時間や労力をかけ、人間が自然を受け入れて、工夫をこらした『エコライフ』だったともいえるでしょう。21世紀の今、新しい技術が次々に開発されていますが、人間のくらしが自然から遠く切りはなされてきました。このようなたくさんの資源を必要とするくらし方によって、きれいな川や海、緑豊かな森林が失われつつあります。人間のつくった技術で自然の調和を取り戻すためにも、家や学校、会社などの、わたしたちの身近な住まいでできることから、新しい『エコライフ』を考えてみましょう。
　冬、寒いからといって、すぐに暖房器具にたよる前に、身近な自然をいかして、暖かくくらすためにできることはたくさんあります。まずは、寒いときに体はどうなるのか、なぜ寒いと感じるのか、そのわけやヒミツを知り、何を着てどんな住まい方をしたら『エコライフ』になるのかを見つけましょう。
　自然によりそってくらしていた、世界の寒い国ぐにでの知恵や工夫にも今のくらしにいかせるヒントがたくさんつまっています。
　この本にあるヒミツやヒントをもとに、アイディアいっぱいの新しい住まいやくらしを考えて、地球の自然と調和した、みんながいきいきくらせる『エコライフ』をつくってくださいね！

1 寒い日のくらし
ある冬の1日 4

2 寒さと体
なぜ寒いと感じるのでしょう 6
寒さを感じる6つのヒミツ 6

3 寒さと衣服
なぜ衣服を着るのでしょう 8
体の熱をにがさない 8　寒さを防ぐ 10

4 寒いところの衣服
寒帯　　　カナダ 12
冷帯　　　韓国 13　ラップランド 13　日本・アイヌ 13
乾燥帯　　モンゴル 14
熱帯の高地　ペルー 15

5 寒さと住まい

寒い住まい　　　　　寒さはどこ？ 熱画像で見てみよう 16
　　　　　　　　　　住まいの様子を見てみよう 17
暖かさを入れる　　　日ざしの熱を取りこむ 18　日ざしの熱をためる 19
暖かさをにがさない　住まいを包む 20　窓のまわりの工夫 22
寒さを防ぐ　　　　　住まいのまわりで防ぐ 24　住まいのすき間風を防ぐ 25
雪国のくらし　　　　26
住まいを暖かく　　　28

6 寒いところの住まい

寒帯　　　氷のドーム―カナダ北部 30
冷帯　　　草と土の三角ハウス
　　　　　　―フィンランド・ラップランド 31
　　　　　海藻ぼうしの家―デンマーク・レス島 32
　　　　　暖かな床の家―韓国・北部地方 33
乾燥帯　　布でくるまれた家―モンゴル東・中央部 34
熱帯の高地　土ブロックの家―ボリビア南部 35
　　　　　日本の工夫―雪の大屋根・岐阜県 36
　　　　　日本の工夫―アイヌの家・北海道 37

暖かさの歴史 38
暖房器具とのかしこいつきあい方 40
くらし実験室 42

① 寒い日のくらし

北から南にかけて細長い日本の冬は、日本海側は雪が多く、太平洋側はよく晴れて乾燥するので、寒さは地域によってかなり違います。ここでは、太平洋側にくらす家族3人の冬の1日を見てみましょう。朝から夜まで、どんな場所にいて、どんな寒さを感じているのでしょうか。

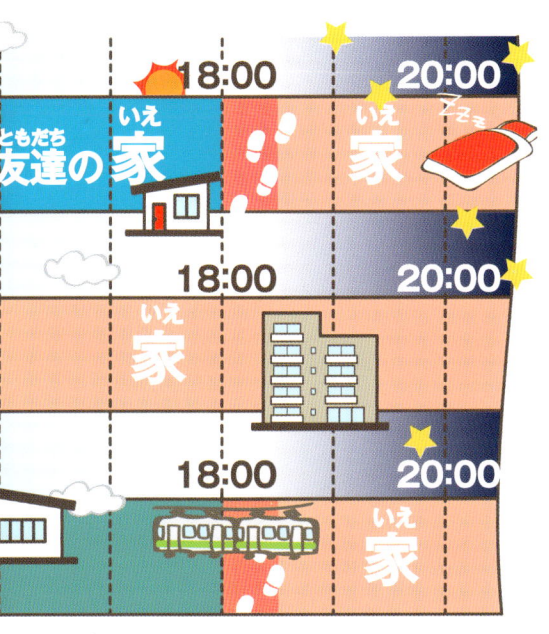

なるほど！

わたしたちは、1日のほとんどの時間を建物の中ですごしていて、外と中、時間や場所によっても、感じる寒さがちがうのね。寒さの感じ方には、何が関係しているのかしら。

2 寒さと体

なぜ寒いと感じるのでしょう

人間の体温は、ほぼ37℃に保たれています。これは、食物を体内で燃やしてうみ出される熱と、皮膚から外へ出ていく熱のつりあいがとれているからです。まわりの温度と皮膚の温度との差が大きくなり、うみ出される熱より出ていく熱の量が大きくなると、体温が下がり寒いと感じます。寒いときに手足が冷たくなるのは、血管がちぢんで、体から熱がにげないように働くからです。寒すぎると体がふるえるのは、体温が下がらないように熱をつくり出すための反応です。このような反応は、体温が下がりすぎないように調整する、人間の体に備わったしくみです。

寒さを感じる6つのヒミツ

では、温度が同じなら、みんな同じように寒く感じるのかというと、そうではありません。寒さを感じる原因には、放射温度や湿度などの「まわりの環境」に関わることと、わたしたちがどんな服を着て何をしているかという「人間」に関わることがあります。

放射温度

まわりにあるものから出る熱のこと。
まわりのどこかが低い温度だと寒く感じます。

気温

まわりの空気の温度のこと。
気温が低いと寒く感じます。

湿度
空気中に水分が含まれている割合のこと。湿度が低いと、汗が蒸発しやすく体の熱がうばわれるので寒く感じます。

風速
空気の動くの速さのこと。風が体にあたると、体の熱がうばわれて寒く感じます。

活動量（代謝量）
食事や運動する量。食事をしなかったり、体を動かさないと寒く感じます。

衣服の材質や量
衣服の材料や着る枚数のこと。うす着だと寒く感じます。

コラム

風の子になろう！

「運動するとあったかいね！」寒くても体を動かすと暖かく感じるのは、体に熱がたくさんつくられて、その熱が血液によって体全体にいきわたるからです。体でつくられる熱の量よりも大きな量の熱が出ていくと、体が冷えて「寒い」と感じます。寒いからといって、暖房が効いた部屋にばかりいると、もともと体に備わった寒さに対応する力が弱くなってしまいます。厚着をしすぎず、体を動かして暖かくなりましょう。

なるほど！

まわりの環境が寒いときには、体を動かしたり、1枚多く着たりして風にあたらないようにするなど、自分の行動を変えると、暖かくすごすことができるね！

7

③ 寒さと衣服

なぜ衣服を着るのでしょう

私たちは、1日のうちのほとんどの時間、衣服を着てすごしています。衣服を着ることで、気温や天気の変化に対応し、ケガや病気をしないように体を守ることができます。また、衣服の中に風が入ると、体の熱がうばわれて寒く感じます。衣服は体を守るもう1枚の皮膚といってもよいでしょう。居心地のよい「寒さとくらし」を思いえがくときに、どんな衣服をどう着こなすか、衣服で寒さをどう防ぐかを考えることは、とても大切なことなのです。まずは、衣服に含まれる空気で「体の熱をにがさない」こと、そして衣服で「寒さを防ぐ」ことを紹介します。

体の熱をにがさない

人間の体の内部では、健康な状態が保てるように、絶えず様ざまな活動が行われていて、それにともなって熱が出ています。その熱をにがさないように、「空気で包む」こと、その「空気を動かさない」ことが大切です。

空気で包む

空気は熱を伝えにくい性質があるので、たくさんの空気を含むものに包まれると、体の熱がにげにくくなります。例えば、動物の体毛や鳥の羽毛の間には空気の層がつくられているので、寒さから身を守ることができるのです。

こうした動物の毛からつくるせんいは、自然の油分があるので水をよくはじき、細かい糸と糸のすき間に空気が含まれています。代表的なものに、ウサギの毛からできたアンゴラ、ヤギの毛からできたカシミア、ヒツジの毛からできたウールなどがあります。これらの毛糸を編んでつくるセーターにも、糸と糸の間に空気の層ができます。セーターやダウンジャケットを着ると暖かいのは、水鳥の羽毛の間にある空気に包まれてい

羊毛は、毛がちぢれていてからみ合っているので、保温効果が高いせんいです。

水鳥の羽には、羽の軸がついた「フェザー」とタンポポの綿毛のような「ダウン」（右写真）の2種類があります。

太い毛糸で編まれているので、厚みがあり風も通しにくい「カウチンセーター」。

ナイロン生地の間にはさんだ羽毛が動かないように、刺し縫い（キルティング）加工された「ダウンジャケット」。

るからなのです。

　さらに、衣服の中の暖かさを保つためには、この空気をにがさないことが大切です。雨風の強いときには、一番外側に風や雨を通しにくい、ナイロン素材などの上着を着るとよいでしょう。

空気を動かさない

　皮膚に風が直接あたると、体の熱をうばわれて寒く感じるので、できるだけ体のまわりの空気を動かさないことが大切です。シャツやセーターを重ね着すると、重ねた衣服の間に空気が閉じこめられて動かなくなります。この動かない空気層が重なることで、さらに衣服全体の保温性も高くなります。ただし、寒いからといって着すぎると、重くて活動しづらくなるので注意が必要です。閉じこめた空気をほどよく重ねて、体の熱をにがさない着方を工夫しましょう。

3 寒さと衣服

寒さを防ぐ

衣服で寒さを防ぐには、体が外気にふれる部分をできるだけ減らすことが大切です。体が冷たい空気にふれると、皮膚から熱がにげて寒く感じます。特に血管や神経が集中している首・手首・足首などは寒さを感じやすいところです。首まわりはハイネックの衣服を着たり、マフラーを巻いて、手足には手袋や厚手のくつ下などをはいて、皮膚に直接風をあてないようにしましょう。また、耳は血管が細く寒さを感じやすいので、耳あてをしたり、耳をおおう帽子をかぶるとよいでしょう。

頭と耳をおおう帽子

指を動かせる5本指の手袋

首のまわりに巻くマフラー

編み目のつまった厚手のくつ下

冬も汗をかく

寒くても、運動した後は体がほかほか温かくなって、うっすら汗ばみます。汗は蒸発するときに体の熱もうばうので、肌着がぬれたらすぐに乾いたものに着がえましょう。寒い日にはバスや電車の中では暖房が効いていることが多いので、外との気温や湿度に大きな差があります。外の寒さに合わせた衣服のまま車内にいると、暑く感じて汗をかくこともあります。上着をぬいだり、マフラーや帽子などをはずしたりすることで、その場所の暑さ寒さに合わせて、調節できる着方をしましょう。

特に冷たい空気は下にたまる性質があるので、足元に伝わる寒さを和らげるためにくつ下を重ねばきしたり、スリッパをはくとよいでしょう。

また、空気は暖まると上昇する性質があるので、体の熱で暖められた衣服の中の空気は、体にそって自然に上の方に流れます。衣服の上下に空気の出入口があると、布と体の間に風が通りぬけて寒く感じます。空気の入口となるスカートやズボンのすそや、出口となる首やそでまわりを閉じて、空気の出入りをふさぐことが大切です。

寒いときの着こなしのコツは、帽子をかぶり、首・手首・足首の「3つの首」を保温することです。

寒いときには、体の熱をにがさないように、すき間風が衣服に入らないようにして、空気を含んだ衣服を着るといいのね。

宇宙で着る衣服

宇宙飛行士が宇宙船外で活動するために着る「宇宙船外作業服」は、異なる性能を持つ14層の布が重なった特殊な衣服と、生命維持装置で構成されています。体から近いところには、熱や汗などを調整する布類が重なり、さらに断熱性能の高い布や太陽からの熱（赤外線）を反射する薄い金属が貼られた布が重なっています。気圧や温度を保ちながら酸素や水蒸気を補い、放射線や小さな隕石の衝撃などから身を守る、人間の体を包む最も小さな宇宙船のようです。現在は、より高性能の布や新しい形態の宇宙服の研究開発が進められています。

④ 寒いところの衣服

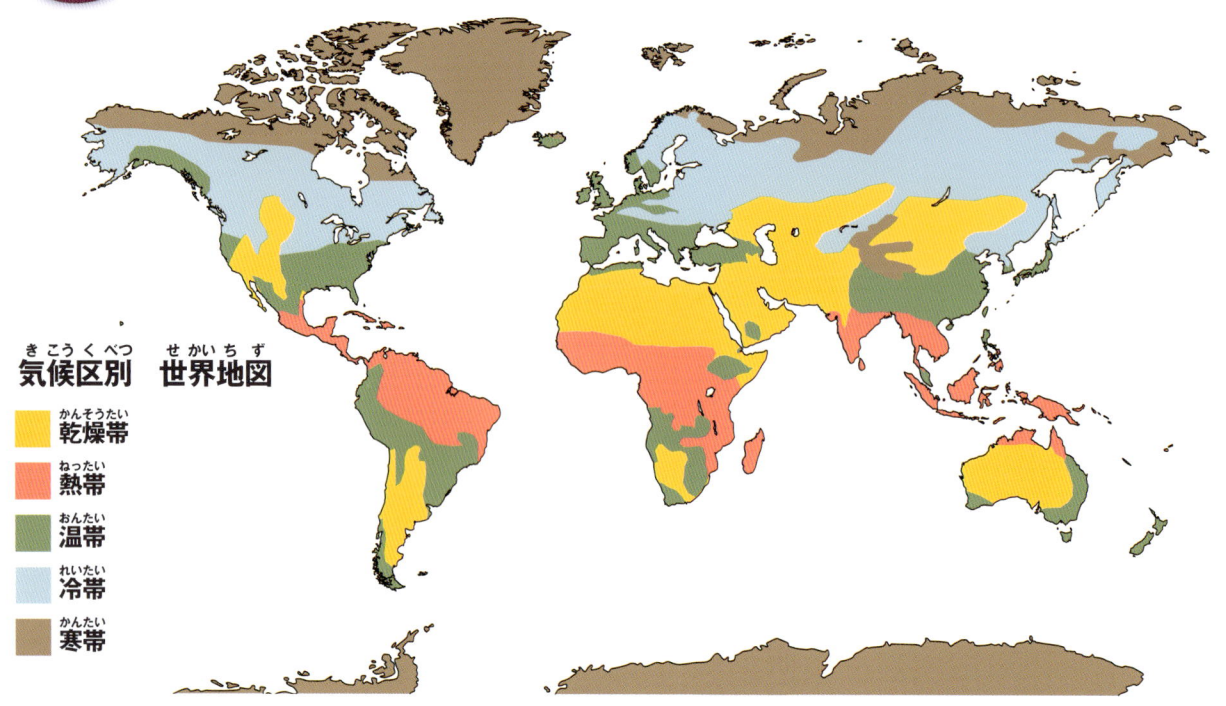

気候区別　世界地図
- 乾燥帯
- 熱帯
- 温帯
- 冷帯
- 寒帯

　寒い国ぐにでは、どんな衣服を着ているのでしょう。「寒い」といっても、気温や雨の降る量などの気候の条件によってその寒さはずいぶんちがいます。1年のほとんどが寒い寒帯や冷帯だけでなく、1日の寒暖の差が大きい乾燥帯や、低温で風が強い高山地域でも、寒さを防ぐ衣服が必要です。冷帯、寒帯、熱帯の高地での、それぞれの気候で快適にすごすための衣服の工夫や着こなしを見てみましょう。

 **寒帯**　1年を通して気温が低く、雪や氷がほとんどとけない気候

1. 寒さと冷たい風によって体から熱がうばわれないように、全身を衣服などで包む。
2. 寒くて植物が育たないので、衣服はおもに動物の毛皮でつくられている。
3. 雪と氷にふれる一番外側には、防水性の素材のものを身につける。

●カナダ　アノラック
北極圏のグリーンランドでくらすイヌイットの人びとの冬服は、アザラシやカリブー（北アメリカのトナカイ）などの動物の毛皮でつくられています。フードつきのアノラックとよばれる上着は全身を包むゆったりとしたつくりなので、服と体との間に空気の層ができて暖かさを保ちます。上着だけでなく、ズボンやひざ上まであるブーツや、手にはめるミトンもすべて毛皮でつくられています。

12　寒いところと衣服

冷帯

夏と冬の温度差が大きく、冬は気温が低くて雪の多い気候

1. 衣服の素材は、ほとんど動物の毛皮や毛織の布でつくられている。
2. 手首・足首や首のまわりが体にぴったりして体から熱がにげにくいつくりになっている。
3. 特に寒い冬になると、重ね着をして帽子をかぶりブーツをはく。

● **ラップランド　コルテなど**
北極圏でトナカイの遊牧をしてくらすサーミとよばれる人びとは、羽毛の入った肌着の上にセーターと短いジャケットを着て、さらに厚手のトナカイの毛皮を重ねて着ます。背高帽やブーツの中には干し草をつめて暖かさを保ち、移動中に足がぬれると、干し草をつめかえました。明るい青と赤にいろどられた衣服は、真っ白い雪の中でもひときわ目をひきます。

● **韓国　冬の韓服**
女性の上着は、冬になると2枚の布の間に綿を入れたり、裏側にウサギの毛を縫いつけたりと暖かくする工夫がこらされています。その下には、えりや裏地に毛皮がついたベストを着て、長いスカートをはきます。男性は、裏に毛皮をあてたチョッキの上に丈の長いコートを重ね着して、長ズボンをはきます。

● **日本・アイヌ　アットゥシなど**
昔のアイヌの人びとは、オヒョウやシナノキなどの植物のせんいで織った布や、クマやシカなどの動物の毛皮で衣服をつくりました。夏用のくつはブドウのつるでつくったわらじでしたが、冬用のくつは、鮭の皮や毛皮でつくり、干した草を入れて寒さをしのぎました。

北極圏の雪眼鏡

雪や氷に反射した太陽光はとてもまぶしいので、反射した紫外線で目が炎症をおこしたり、見えにくいことがあります。北極圏などにくらすイヌイットたちは、反射光から目を守るために雪眼鏡をかけて狩りをしました。木をくりぬいたり、動物の骨をけずってつくった雪眼鏡は、細長い切り込みから外をのぞくことができるようになっていました。

木をくりぬいてつくった雪眼鏡。

13

④ 寒いところの衣服

乾燥帯 夏と冬、昼と夜の寒暖の差が大きく、湿度が低い気候

1. 秋冬になると、夏と同じ衣服の形でも布地の材質が動物の毛皮や毛織りものになる。
2. 首元やそで口などで暖かさを調節できるつくりになっている。
3. 特に寒い冬になると、重ね着をして帽子をかぶりブーツをはく。

遊牧民の人びとは、牛・馬・羊・山羊・ラクダなどと一緒に移動します。羊の毛は、衣服や住まいの材料となるフェルトという布の原料になります。

●モンゴル　デール

遊牧民の人びとは、馬に乗って移動するので、男女ともにたけも袖も長く、ゆったりして動きやすい「デール」という衣服を着ています。デールの素材は、夏は綿ですが、秋になると中に綿が入り、冬になると内側に羊皮を縫いつけたものになります。立ちえりは風を防ぎ、そでの長い折り返しをのばすと手をおおう手袋がわりになります。

室内の防寒着

　昔の日本の住まいは、すき間風が入って寒かったので、ふだんの着物の上に「丹前」などを重ね着しました。「丹前」は、厚く綿を入れた丈の短い上着で、地方によっては「はんてん」や「どてら」ともよばれます。丈がより長くて大きい「掻巻」という上着は、掛布団として使ったり、寒さのきびしい東北地方などでは、寝具としてそのまま着て寝ます。厚手の綿を入れたり、ウールの生地でつくられたものもあり、今でも使われています。

夜寝るときに実際に着ていた大正時代の女性用「掻巻」。

熱帯の高地

1年を通して気温も、湿度も低い気候

1. 冬以外の季節でも夜は寒いので、毛織りの布をはおって調節する。
2. 特に寒いときには、毛織りの衣服を重ね着する。
3. 強い日ざしをさえぎるため帽子をかぶる。

●ペルー　ポンチョなど

中央アンデスの高山にある高原地帯は、日ざしは強いのですが気温が低く乾燥しています。夏でも夜には気温が低くなるので、頭からかぶって上半身をおおうポンチョや、かたにかけるマンタという布で調節しています。衣服の材料は、アルパカや羊などの毛織りの布です。そのほかにも、耳あてのついた毛編みの帽子や、強い日ざしやほこりもさえぎるつばの広い帽子をかぶって寒さを防いでいます。

ラクダ科の動物の一種のアルパカから採れた毛を紡いで糸にしているところです。なめらかな手ざわりの毛は、マントやポンチョなどの衣服の原料になります。

なるほど！

寒いところにくらす人びとは、きびしい寒さから体を守るために、衣服の材料や着こなしにいろいろな工夫をしているのね。

コラム

ワラでつくる衣服や靴

昔の日本では冬になると、米を収穫した後の稲ワラを乾燥させて、蓑や笠・靴などをつくりました。上半身をおおう大きいものは「蓑」や「胴蓑」、下半身をおおう短いものは「腰蓑」とよばれました。ワラは軽くて水をはじき、断面はストロー状の空洞で空気を含んでいるので、雨風や寒さを防ぐことができました。

蓑は、農作業の休憩時には敷物にもなりました。

5 寒さと住まい

寒い住まい

　わたしたちは、1日のうちのほとんどの時間を、建物の中で生活しています。「建物の中」とは天井や壁、床でかこまれた場所であり、「住まい」の場です。「住まい」というと、真っ先に家を思いうかべるかもしれませんが、つねに生活している場所と考えれば、学校や会社やそのまわりもすべて「住まい」といえます。ですから、居心地のよい「寒さとくらし」を思いえがくときに、さまざまな「住まい」でどんなすごし方をするのかを考えることは、とても大切なことなのです。

　住まいの屋根や壁は、強い風や雨をさえぎって寒さを防ぎ、日中は窓を通して室内に太陽の暖かさを入れて、寒さを和らげてくれます。自然から体を守る2枚目の皮膚が衣服なら、「住まい」は、さらに外側で体を守る3枚目の皮膚ともいえるでしょう。

寒さはどこ？——熱画像で見てみよう

　わたしたちの住まいのまわりにはどんな寒さがあるのでしょう。冬の住まいのまわりを見てみましょう。

　外気温が低い冬は、ベランダの柱のかげなど、日ざしがあたらない場所の表面温度は上がらず、とても冷えています。一方、屋根や壁で囲まれている室内の気温は、ベランダほど低くなることはありません。窓ガラスのそばは、外の気温の影響を受けやすいので、日あたりがよいと熱を受けて温度が高くなります。

外の寒さ
2月の午後2時の関東地方にある南向きのベランダの様子です。晴天で外の気温は15℃です。ベランダのタイル表面は、日なたは25℃前後で、日かげは13℃以下です。

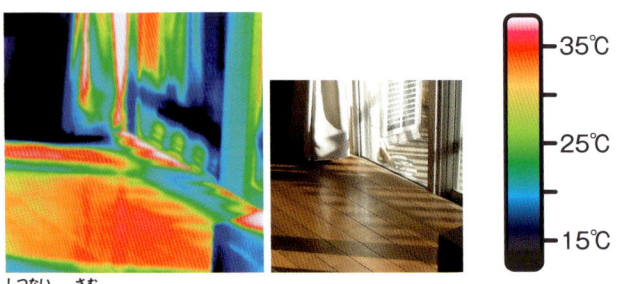

室内の寒さ
2月の午後2時の関東地方にある南向きの窓のまわりの様子です。暖房をしていない室内の気温は20℃です。カーテンのかげの表面は20℃以下で、日なたの床面は30℃前後です。

16　寒さと住まい

寒さはどこ？──住まいの様子を見てみよう

冬の午後2時ぐらいの住まいにはどんな寒さがあるのでしょう。

- ●家　この家族は、コンクリート造りの4階建ての集合住宅に住んでいます。家で仕事をしているお父さんは、ガスストーブをつけているのに、足元が寒そうです。朝、西側の洗面所の窓ガラスはいつも結露しています。

- ●学校　女の子の通う学校は、鉄とコンクリート造りの3階建ての建物です。寒いときには、教室の後ろにあるエアコンをつけていますが、天井近くの空気は暖かいのに、窓側からは冷たい空気が入ってきて、教室内に温度のむらがありそうです。

- ●店舗　お母さんが勤める花屋は、木造1階建ての建物です。ガラス屋根のかかった入口あたりは、天気のよい日は暖かいのですが、風が強い日は植物も人も寒そうです。

なるほど！

それぞれの建物の材料や形、まわりのようすによって、寒さの理由もいろいろあるのね。寒い住まいを、どうやったら暖かく変えることができるのかしら。

17

5 寒さと住まい

暖かさを入れる

冬だからといって、住まいのまわりは寒いところばかりではありません。朝は気温が低くても、太陽が昇るにつれて日ざしの熱で地面が温まり、気温もしだいに上がります。日中は太陽の「日ざしの熱を取りこむ」こと、そしてその「日ざしの熱をためる」ことが大切です。

日ざしの熱を取りこむ

太陽の光は、ものにあたると熱に変わります。この日ざしが暖かさをうみだすもとになるのです。さしこむ日ざしによって床や壁がだんだんと温まり、室内の温度も上がります。日あたりのよい部屋が暖かいのは、こうした熱のやりとりによるものです。日中はカーテンを開けて、できるだけたくさんの日ざしを取りこみましょう。冬は低い角度から日ざしがさしこむので、南側に大きな窓があると、部屋の奥まで日ざしを取り入れることができます。このとき、窓の外に植える樹木を落葉樹にすると、夏にはおいしげる葉が日ざしをさえぎり、冬には葉が落ちて日ざしのさまたげになりません。

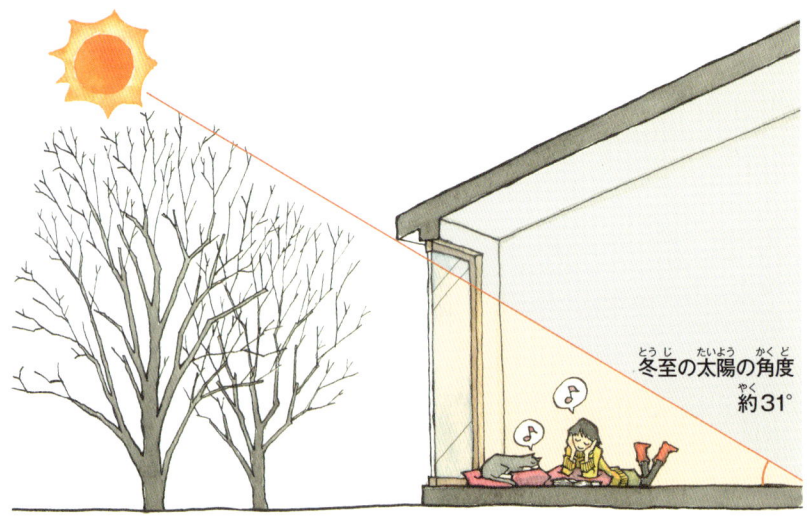

冬至の太陽の角度 約31°

ミニ知識……空気の動きと熱を感じる——対流
冬、風があたると体の熱がうばわれて、よりいっそう寒さを感じます。このように、もののまわりの空気や、水などの流れによる熱の伝わり方を、「対流」といいます。

日ざしの熱をためる

床や壁の材料を「熱をためる力」が大きいものにすると、日ざしの熱で温まった床や壁の熱を長持ちさせることができます。石やタイル、コンクリートなどは「熱をためる力」が大きいので、日ざしのあたる場所にこのような材料を使うとよいでしょう。そして、日がしずむころには雨戸やカーテンを閉めると、日中にたまった熱が夜まで長持ちします。住まいの材料と形の工夫をいかす、かしこいくらし方をしましょう。

結露をふせぐ

冬のくらしで、気をつけなくてはいけないのは「寒さ」だけではありません。冬の朝、窓ガラスの内側に水滴がついていることがあります。この水滴を「結露」といいます。空気は、暖かいほど水蒸気をたくさん含むことができ、逆に、空気が冷やされるとその量は小さくなるという性質があります。結露は、室内の湿った暖かい空気が窓辺で冷やされて、含むことのできる水蒸気の量が小さくなり、空気中に含みきれなくなった水蒸気なのです。

こうした結露がおきる湿った場所には、カビがはえやすいので、調理後や入浴後には、近くの窓を開けたり換気扇を回して、すばやく水蒸気を外に出しましょう。また、雨戸やカーテンで窓をおおってガラス面を冷やさないことも、結露防止につながります。

なるほど！

日中はできるだけの日ざしの熱を取りこんで、その熱をためるようなくらし方をすることが大切なのね。

ミニ知識……熱をためる力（蓄熱）

ものによって「熱をためる力」の大きさがちがいます。例えば、石やレンガ、コンクリートなどは、熱をためる力が大きく、ゆっくり熱くなり、その一方で熱くなるとなかなか冷めない性質があります。逆に、木材や布などは「熱をためる力」が小さく、すぐに熱くなり、その一方で冷めやすい性質があります。

寒いところの住まい

暑いところの住まい

5 寒さと住まい

暖かさをにがさない

日中に取り入れた室内の暖かさをにがさないためには、「断熱」という工夫が大切です。衣服では、重ね着によってできる空気の層で体を包み、体の熱をにがさないように「断熱」しました。また外の寒さを家の中に伝えないためにも、「断熱」は必要です。家の「外側を包む」にはどんな方法があるのか、特に寒くなりやすい「窓のまわりの工夫」も見てみましょう。

住まいを包む

室内に伝わる寒さを防ぐためには、住まいの外側にある壁や床や屋根などの材料を考えることが大切です。衣服でも、寒いからといってむやみに厚着をするのではなく、布地の性質や着こなしに気をつけました。住まいでも、空気を含んだ断熱材とよばれる材料を使ったり、材料の重ね方で空気の層をつくって寒さを防ぐことができます。住まいの断熱材には、動物や植物などの天然系ものや、プラスチックなどの人工系のものなど、材料のちがいによって様ざまな種類があります。

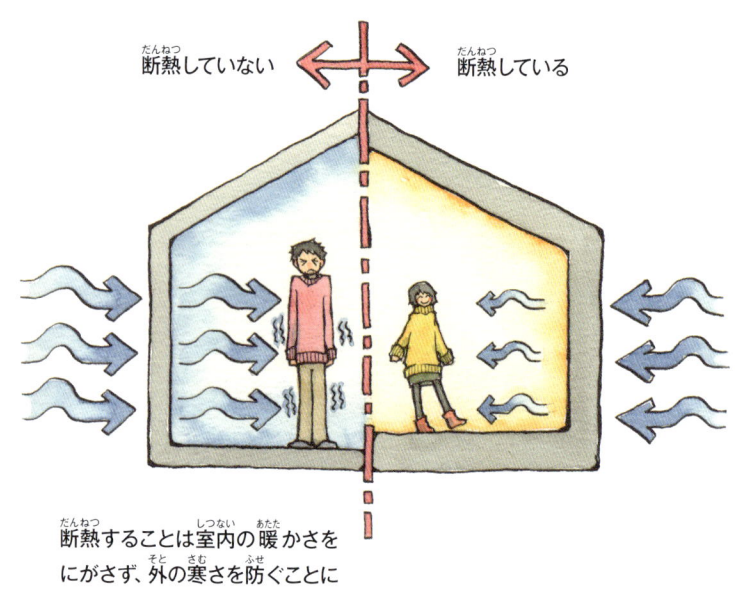

断熱することは室内の暖かさをにがさず、外の寒さを防ぐことにつながります。

ミニ知識……断熱と保温

「断熱」とは、熱を伝わりにくくすることです。「熱を断つ」という言葉からは、夏の強い日ざしの熱を断つ様子が思いうかびますが、冬の冷たい空気を断つという意味もあります。熱は温度の高い方から低い方に移動するので、断熱しないと、暖かい室内から寒い屋外へ熱がにげてしまいます。つまり、断熱すると、室内の温度が下がりにくくなり「保温」されることにもつながります。

屋根の内側に羊毛素材の断熱材をすき間なく入れているところ。

北欧では、住まいの外壁に断熱材を何層も重ねて寒さを防ぎます。

コラム

床にもう1枚

暖かい空気は上に、冷たい空気は下にたまる性質があるので、部屋の中にいても足元に寒さを感じることがあります。床面から足のうらに直接冷たさを伝えないためにも、床面にひと工夫しましょう。例えば、せんいの間にたくさんの空気を含む、毛足の長いじゅうたんをしくと、足から出る熱をにがしません。さらに、じゅうたんの下に表面にアルミフィルムが貼られたマットを重ねてしくと効果的です。重ね着するように、床面にもう1枚重ねてみましょう。

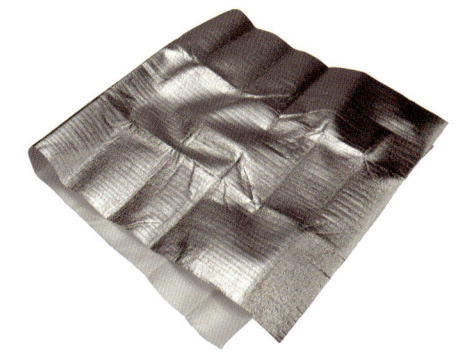

ミニ知識……ふれる熱を感じる／伝導と熱の伝わる速さ

熱いお茶の入った湯のみを手で持つと、両手にお茶の熱さが伝わります。このように熱がものの間を伝わることを「伝導」といいます。ふれて感じる「熱さ」や「冷たさ」は、この伝導の「速さ」のちがいによって変わります。例えば、木や布などは熱の伝わり方が遅く、石や金属などは熱が速く伝わる性質があります。だから、床を素足で歩くと、石の方が木よりも冷たく感じるのです。

5 寒さと住まい

窓のまわりの工夫

窓は、住まいの中で最も熱の出入りがあるところです。「窓の外側」「窓の内側」「窓ガラス」のそれぞれについて、熱をにがさない工夫を見てみましょう。

窓の外側

窓からの熱の出入りを防ぐため、まずは、窓の外側を空気の層で包んで、外の冷たさが伝わらないようにしましょう。昔からある雨戸は、雨風を防ぐだけでなく、窓との間にできる空気の層で寒さを防ぐこともできます。日ざしの熱をにがさないためには、日がしずんだら早めに雨戸を閉めましょう。また、住まいのまわりに樹木を植えたり垣根をつくって冷たい風をさえぎると、窓に直接風があたらないので、寒さを防ぐことにもつながります。

昔の雨戸
昔の住まいでよく見かけた、縁側の外側についた木製の雨戸。

現代の雨戸
最近の雨戸には、閉じていても可動式のルーバーで、風や光を調節できるものがあります。

 **ミニ知識……まわりの冷たさを感じる──放射**
冬は、窓の近くにいるとシンシンと寒さが伝わってきます。表面温度の低い窓に体の熱がうばわれるので寒く感じるのです。このような冷たさの伝わり方を「放射」といいます。

窓の内側

窓のそばにいると、外の冷たい空気が伝わってくるのを感じます。こんなときは、窓のまわりを内側からおおって、窓から伝わる冷気を防ぎましょう。窓の内側にあるカーテンは、日ざしをさえぎるだけでなく、窓ガラスにそって伝わる冷気をさえぎることができます。カーテンを厚手にして、すそを少し長めにして床とのすき間をつくらないようにすると効果的です。和室の障子は、閉めると視線をさえぎるだけでなく、窓との間が空気の層になり、寒さを防ぎます。また、縁側は、戸と障子を閉じれば小さな空間ができて、室内に伝わる寒さを和らげる役割もはたします。

窓ガラス

透明なガラスは、光を取りこみ空間を区切りながらも内外の様子を見ることができますが、一方で外の寒さを伝えやすい材料でもあります。これまで、住まいの多くの窓ガラスは1枚でしたが、ガラスを2枚もしくは3枚に重なった複層ガラスにすると、ガラスの間にはさまれた空気の層によって、外の暑さ、寒さが伝わりにくくなります。その他にも、特殊な金属膜を表面に吹きつけて赤外線や紫外線を反射させるガラスなどもあります。最近は、今ある窓にさらにもうひとつの窓を取りつけて二重窓にすることができる製品もつくられています。

北欧では、寒い冬を快適にすごすために、2重もしくは3重のガラス窓が多く取り付けられています。

「複層ガラス」は、2枚の板ガラスの間に乾燥空気などを入れて密封した、断熱性の高いガラスです。

写真提供：旭硝子

なるほど！
日中はできるだけ太陽の日ざしの熱を取りこんで、住まいのまわりに工夫をしてその熱をにがさないことが大切なのね。

5 寒さと住まい

寒さを防ぐ

外の寒さを伝えないためには、住まいの外側を断熱することに加えて、冷たさを運び入れる風を防ぐことも大切です。住まいに直接風をあてないように、樹木や塀などの「住まいのまわりで防ぐ」こと、室内に冷たい空気を入れないためには「住まいのすき間風を防ぐ」ことが大切です。

住まいのまわりで防ぐ

日本の冬は、北西の方向から寒冷な季節風が吹きます。この季節風は日本海をこえるときに水蒸気を多く含み、日本海側の東北地方に雨や雪を降らせます。一方、山をこえた太平洋側や関東では、からっ風が吹いて空気が乾燥します。こうした強風から住まいを守るために、地方ごとに特色のある「防風林」や「竹垣」、「石垣」などがあります。

家の北西に植えられている黒松の防風林「築地松」。
（島根県出雲市）

半割りや丸石の河原石を積み上げて強風から家を守る石垣「いしぐろ」。
（高知県室戸市）

ミニ知識……どうして冬は寒いの？

地球は、自転しながら太陽のまわりを回っています。地球の中心にある軸は少し傾いているので、地球が太陽のまわりを回るとき、昼の時間が長くなったり短くなったりします。冬、太陽の通り道は南に移動し、冬至の日（12月22日ごろ）、一番南になります。南に行けば行くほど太陽の位置は低くなり、日照時間も短くなります。つまり、冬は太陽の出ている時間が短くて日ざしも弱く、地面が十分に温められず、気温も低くなり寒いのです。

住まいのすき間風を防ぐ

外が寒いとき、窓や戸のすき間があると、冷たい空気が室内に入ってきます。特に、戸の開け閉めをするときに、冷たい空気が流れ込むと、室内の温度が下がります。このような冷たい空気の侵入を防ぐには、窓や戸のまわりにひと工夫しましょう。例えば、窓の内側にカーテンを付けるように、戸の内側にもカーテンを付けると、風の通りぬけをある程度防ぐことができます。また、ふだんから、開けた戸は、きちんと閉めるよう心がけましょう。

寒いところの知恵──風除室

冬になると強風が吹いたり、雪が多く降る地域では、玄関の外に小さな部屋が付いている住まいを見かけます。外側の戸を開けても、玄関の戸を閉じていれば、家の中に外から吹き込む雨風や雪などを除けることができるので、おもに「風除室」と呼ばれています。冷たい空気の侵入を防ぐので、室内の温度を一定に保ち、防寒にも役立ちます。

住まいのまわりや窓や戸に工夫をして、寒さを防ぐことが大切なのね。

5 寒さと住まい

雪国のくらし――昔の工夫

　北海道や東北地方の日本海側、北陸地方などは、冬には毎年たくさんの雪が降る豪雪地帯といわれています。かつて、深く積もる雪に閉ざされた山奥などでは、食料や燃料を貯蔵してひと冬をこさねばならないこともありました。

　知恵と力を出し合って雪とともに生活してきた、昔の住まいやくらしの工夫を紹介します。

住まいの冬じたく

　降り積もった雪はとても固くて重くなるので、玄関前に積もった雪で家から出られなくなったり、雪の重みで家がつぶれることもあります。また、住まいが雪に包まれると、その冷気が伝わって室内がとても冷え込みました。そのため、豪雪地帯では、雪が降る前に住まいの周りに雪を防ぐさまざまな冬じたくをします。

積もった雪で家が雪にうもれないように、家の周りを囲う「雪囲い」をしました。これらの雪囲いは、雪が解けて水分を含むと、春の訪れとともに取りはずしました。（福島県南会津郡旧大内宿）

ヨシズでできた壁の上に厚いカヤを重ね、2重の壁にしました。（旧長野県下水内郡栄村、現日本民家集落博物館）

雪や雨から守るため、ワラを編んだ「こも」が掛けられた土塀が続いています。（石川県金沢市長町武家屋敷跡）写真提供：金沢市

雪で樹木が折れないように、ワラ縄などで枝を吊り上げる「雪吊り」をします。（石川県金沢市兼六園）

26　寒さと住まい

屋根のある歩道

雪が積もって家に閉じこめられてしまわないように、それぞれの家の庇を長く張り出して、家の前に歩行空間をつくりました。雪や雨風にさえぎられずに移動できる道は、自分の住まいだけでなく、町のくらしを支える大切な空間です。北陸地方では「雁木」、東北地方では「こみせ」といいます。

屋根や「雁木」に積もった雪を下ろす様子。(新潟県魚沼市)

町家や造り酒屋などが連なる「こみせ」は、江戸時代から今に残る街並みです。(青森県黒石市)

雪室

冷蔵庫のない時代は、野菜などはワラや新聞紙などに包み、さらに雪がとけにくいようムシロでおおい、雪の中にうめて保存していました。低温でほどよく湿気が保たれるので、作物が長持ちしました。このような、雪を利用した天然の冷蔵庫を「雪室」といいます。地面を掘ってワラでおおいをした小さな室や、雪を積み上げた大きな室もありました。電気冷蔵庫の普及によって、いったん姿を消しましたが、近年は大切な資源をいかす方法として見直されています。

昭和30年頃の雪室づくりの様子。高く積み上げられた雪をワラでおおっているところ。(新潟県十日町市)

写真提供：十日町市博物館

⑤ 寒さと住まい

住まいを暖かく

「暖かさをつくる」ための知恵と工夫をいかして、暖かな住まいを考えてみました。

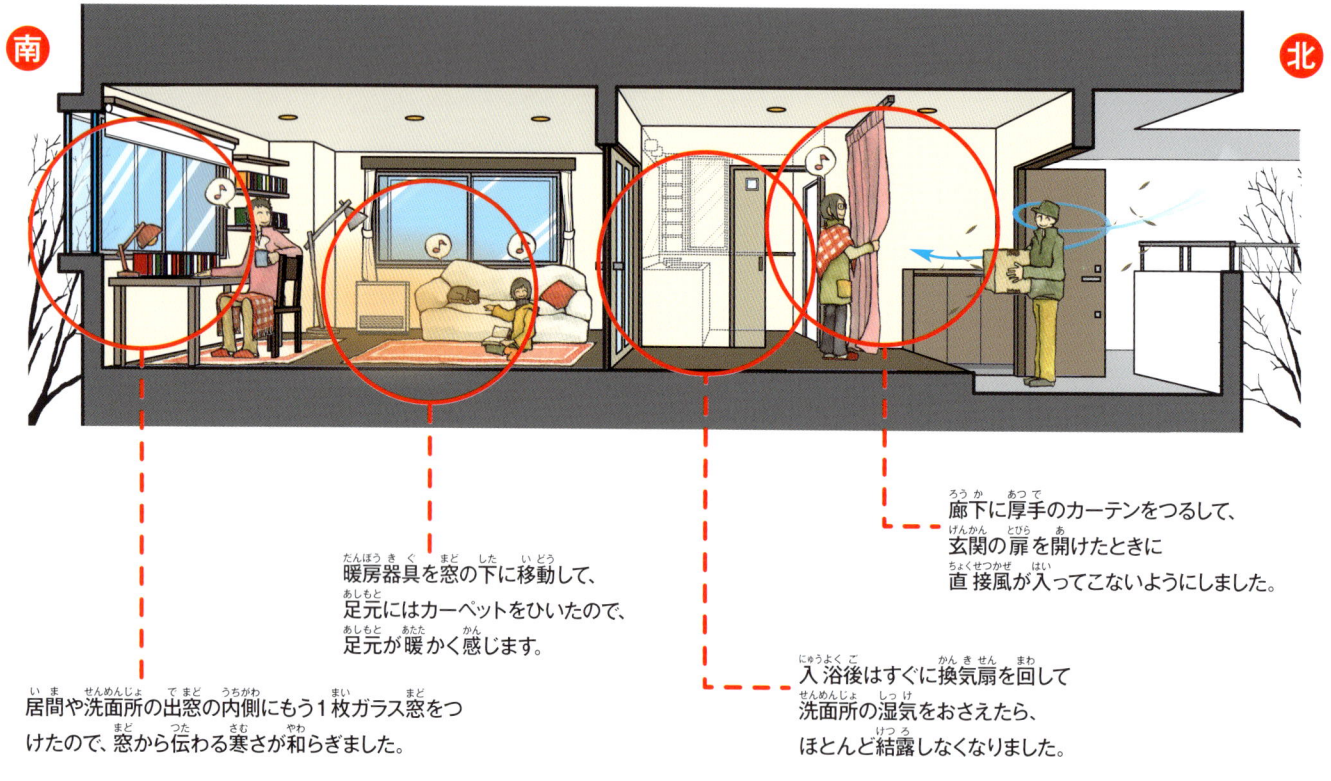

●家

廊下に厚手のカーテンをつるして、玄関の扉を開けたときに直接風が入ってこないようにしました。

暖房器具を窓の下に移動して、足元にはカーペットをひいたので、足元が暖かく感じます。

居間や洗面所の出窓の内側にもう1枚ガラス窓をつけたので、窓から伝わる寒さが和らぎました。

入浴後はすぐに換気扇を回して洗面所の湿気をおさえたら、ほとんど結露しなくなりました。

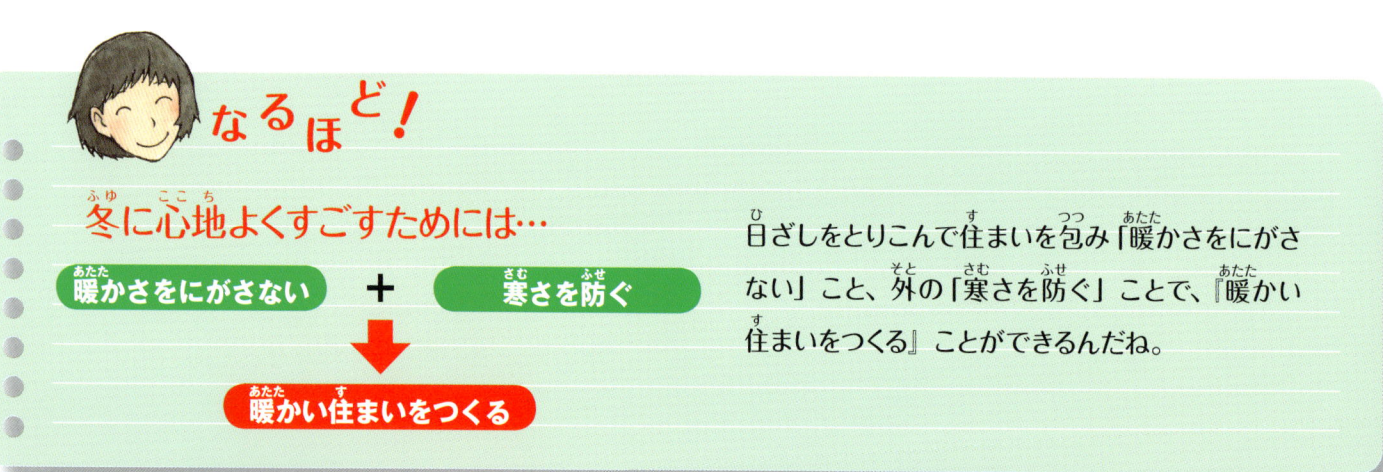

なるほど！

冬に心地よくすごすためには…

暖かさをにがさない ＋ 寒さを防ぐ
↓
暖かい住まいをつくる

日ざしをとりこんで住まいを包み「暖かさをにがさない」こと、外の「寒さを防ぐ」ことで、『暖かい住まいをつくる』ことができるんだね。

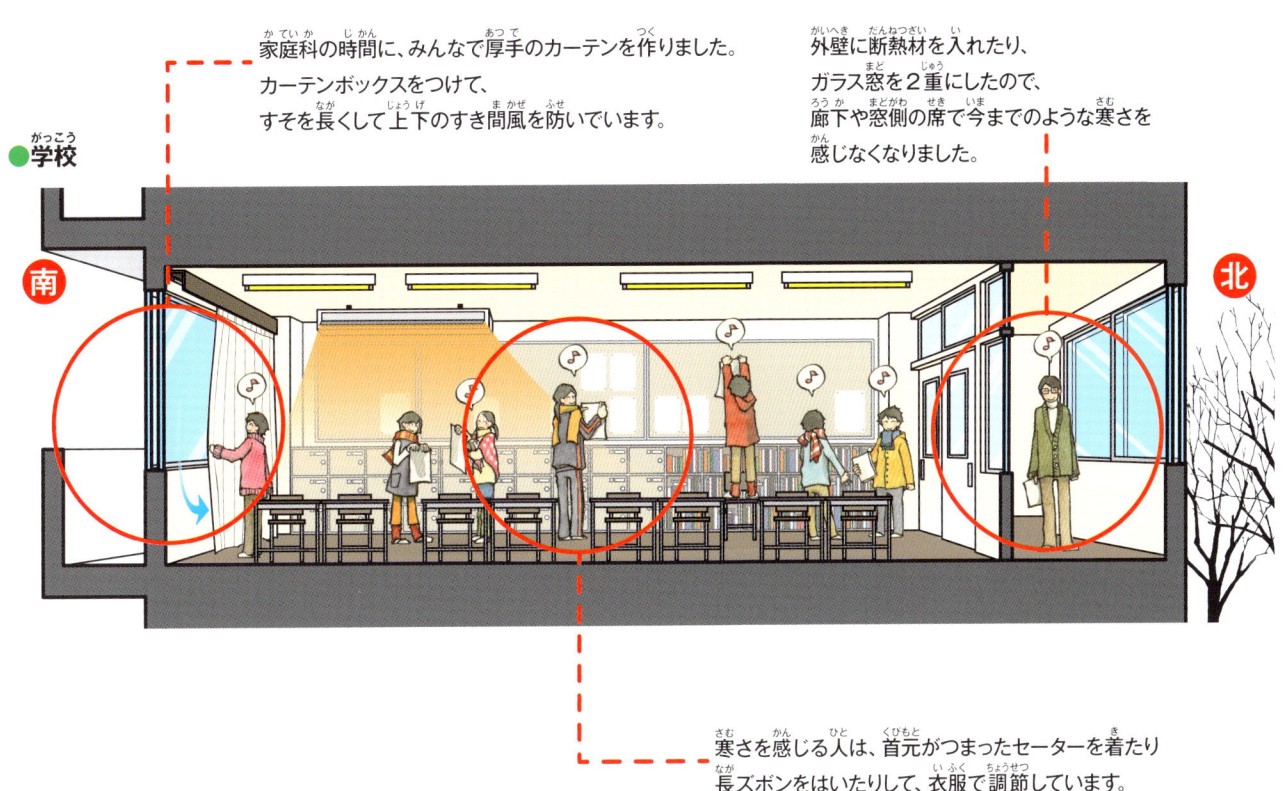

⑥ 寒いところの住まい

寒い国でも、気温や雪などの気候条件により寒さの様子はちがいます。
ここでは、冷帯や寒帯、乾燥帯、熱帯の高地で快適にすごすための住まいとくらしの工夫を見てみましょう。

寒帯　1年を通して気温が低く、雪や氷がほとんどとけない気候

カナダ北部から北極にかけて広がる氷雪・ツンドラ地帯は、ほとんど一年中雪と氷に囲まれて、真冬は−30℃になるところもあります。雪や氷という冷たい材料を使いながらも、室内の暖かさを保つ工夫をしています。

氷のドーム——カナダ北部

オブラッコ！
ぼくたちが住んでるところは、すごく寒くて、気温が10℃以上にはならなないんだ。冬、お父さんたちが移動しながら狩りをするときに住む家は、夏にはとけてしまうんだよ。

イヌイットの人びとは、固めたブロック状の雪を積み上げて「イグルー」とよばれるドーム型の住まいをつくります。主屋は、入口より少し高い位置にあり、外の風が直接入らないように工夫されています。内側にはアザラシの毛皮をはり、壁と毛皮の間にできた空気の層と合わせて、熱の出入りを防ぎます。

断面図

冷帯 夏と冬の温度差が大きく、冬は気温が低くて雪の多い気候

中国北東部からロシアの北部、カナダにかけての地域は、短い夏を終えると気温が下がりはじめ、寒い時期が長く続きます。針葉樹や石、海藻など、その土地らしい材料の特徴を生かした工夫をしています。

草と土の三角ハウス──フィンランド・ラップランド

プオレ、ペアイッヴィ！

ここは、おじいちゃんたちがくらしていた家。夏は布でできた家に住んで、冬は、木や土でできた家に住んでいたんだ。

北極圏にくらすサーミの人びとの家は、アカマツの木を組んだ上に、シラカバの樹皮をのせて、その上に芝が生えた土をのせてつくりました。風が入るのを防ぐために、すき間にはコケをつめています。部屋の真ん中にある炉のまわりには、針葉樹の葉とトナカイの毛皮がしきつめられているので、室内を暖かく保つことができました。

炉の火は、調理をしたり住まいを暖めるための大切な熱源です。

31

⑥ 寒いところの住まい──冷帯

海藻ぼうしの家──デンマーク・レス島

グ、ディ！
私たちの家族は、おばあちゃんが生まれたこの家に住み続けています。モコモコしたこの屋根、何でできていると思いますか。

長い年月を経て乾燥した海藻

　このあたりには、屋根の材料になるワラがとれる小麦が育ちませんでした。そこで、浜辺に流れつく海藻をひろい集め、乾かしたものを編んで屋根をふきました。厚みのある海藻の屋根は、雨風に強く保温性も高いのですが、ふきかえが大変でした。いたんでくると、上から新しい海藻をのせたので、屋根の厚みは1m以上にもなりました。

コラム

寒いところの住まいのはじまり

　太古の昔、人間は、雨風やきびしい冬の寒さをしのぎ、外敵から身を守るために、洞穴や山の斜面を掘った場所でくらしていたのではないかといわれています。地面の温度はある程度の深さになると、その土地の1年間の気温を平均した温度とほぼ同じになります。そのため、冬は地面を掘った住まいの温度が外の気温よりも高いので、寒さをしのぐことができました。
　また、住まいの中で火を使うようになると、さらに暖かくすごせるようになりました。

32 　寒いところの住まい

暖かな床の家――韓国・北部地方

アンニョンハセヨー！
冬の夜はすごく寒いけれど、「オンドル」っていう床から暖かくなる部屋にいると、足元から温まって居心地よくすごせるのよ。

断面図

　「オンドル」とは、熱の伝導・放射・対流を利用して部屋を暖める暖房方式のことです。床下に石を用いて煙のトンネルをつくり、その上にうすい板石をのせてドロをぬり、床には油紙をはります。外や台所にある焚口で火をたいた煙が床下を通って部屋の反対側の煙突から出るつくりなので、床下から部屋全体を暖めることができます。オンドルがある部屋は、厚い土壁で窓は小さく、天井が低い部屋なので、早く暖まりました。

台所の焚口を正面から見たところ

寒いところの生き物――キイロスズメバチ

　キイロスズメバチは、枯れた樹木の皮をかじって、唾液とまぜた紙のようなもので、丸い大きな巣をつくります。巣の外側の皮を何枚も重ねることで、層と層の間には空気のあるすき間ができます。この空気は断熱材の役割をするので、外の気温が高くても低くても、中の温度は一定に保たれて、幼虫はすくすくと育ちます。

33

6 寒いところの住まい

乾燥帯 — 夏と冬、昼と夜の寒暖の差が大きく、湿度が低い気候

夏と冬の気温差が大きく、1年を通して乾燥していますが、特に冬は雨が少なく湿度が低くなります。外の寒さを室内に伝えないように、壁を厚くしたり窓を小さくしながら、室内の暖かさをにがさない工夫をしています。

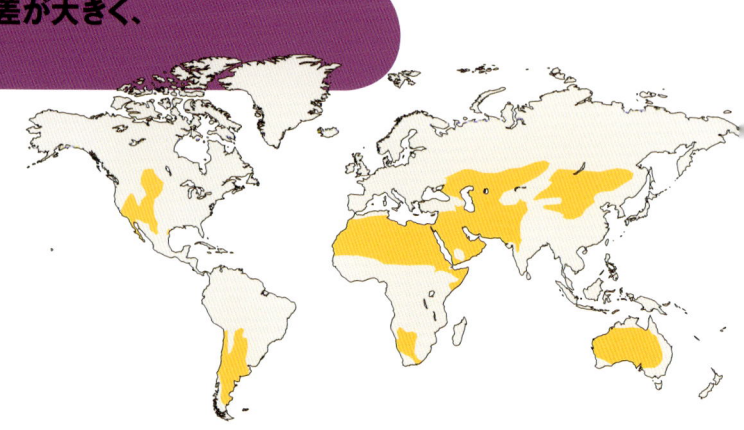

布でくるまれた家——モンゴル東・中央部

サェン バェ ノー！
わたしたち家族は、この「ゲル」とよばれる家を持って、馬や羊、ラクダたちといっしょに移動してくらしています。だから、この家はおりたたんで持ち運びができるの。

ゲルを組み立てているところ。

「ゲル」のまわりをおおうフェルトの布は、羊の毛をぎゅっとちぢめた厚手の素材で作られているので断熱性にすぐれています。冬はこの布を何枚も重ねたり、すそにはさらにおおいをして寒さを防ぎます。部屋の真ん中にある炉で調理をしながら、その火を囲んで皆で温まります。ときどき真上についた窓を開けて換気をしたり、布を開け閉めして暑さ寒さを調節します。

熱帯の高地　1年を通して気温も湿度も低い気候

南アメリカのボリビア西部からペルーやチリにまたがるアンデス山脈の高原地帯は、一年中気温は低めで乾燥しています。昼と夜の気温の差が大きいので、その温度変化を和らげる工夫をしています。

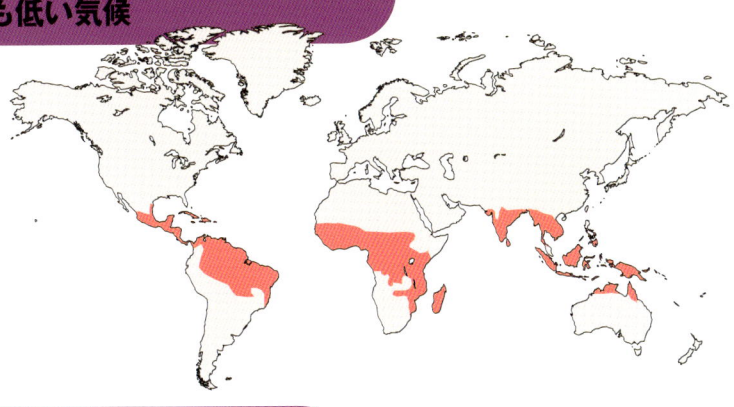

土ブロックの家——ボリビア南部

カミサラキ！
わたしたちの村は、高い山の上にあるので、日中の日ざしはとてもきついのに、夜はすごく寒くなるんです。羊やリャマの放牧をしてくらしているのよ。塩分が多い土地には、大きな木が育たないけど、動物のエサとなる草は育っているわ。

円い家だけでなく、屋根をふいた四角い家もあります。

放牧地にある小屋は、土をブロック状に切り出して、円く積みあげてつくります。日中は強い日ざしの熱が厚みのある土壁にたまり、夜にはその熱がゆっくりと室内に放出されて、寒さを和らげます。砂まじりの強風が吹くので窓をつくらず、風をうまく受け流せるように円い形になっています。

35

⑥ 寒いところの住まい

日本の工夫——雪の大屋根・岐阜県

　岐阜県の山間部は、日本でも有数の豪雪地帯です。冬になると、道の両側に背丈よりも高い雪の壁ができて、家はすっぽり雪におおわれます。大きなかやぶき屋根は、傾斜をきつくして雪を自然に落とし、雪の重みで屋根がつぶれないようにしました。2階では絹糸の元となるマユをとるため、蚕を飼っていました。いろりの上には天井をはらず、1階のいろりで暖められた空気は、自然に上の階まで上昇して、家中が暖まるようなつくりになっていました。

おじいちゃん、この家ってなんで合掌造りってよばれてるの？

人が手を合わせて合掌している手の形に似ているからだ、って聞いたことがあるよ。

いろりの上は天井がなく、吹き抜けになっている家もありました。

いろりで暖められた空気が通りぬけられるようにすき間があります。

釘を1本も使わず、部材は縄でしばってとめています。

蚕を飼っていた広い2階の空間。

写真提供：岐阜県白川村役場

日本の工夫──アイヌの家・北海道

　北海道には、冬には-30℃以下になるほど寒い地域もあるので、直接外の寒さが入ってこないように、小さな前室から入るつくりになっています。屋根には雪を積もらせ、一年中いろりの火を燃やして地面に熱をためて、冬までその暖かさを保ちながら寒さをしのぎました。屋根に積もった雪には空気が含まれているので、断熱材の役割もはたしました。地面にはアシをしき、カヤやガマの葉を編んだものを重ねて、体にふれるところが少しでも温かくなるように工夫しました。

北海道に昔から住んでいたアイヌの人たちって、どんな家でくらしていたの。

チセとよばれるアイヌの家の工夫を見てみましょう。

壁の笹は鳥の羽のように重なり合って雨水を防ぎます。

出入口のある場所は、臼や薪などの生活用品を置く場所にもなりました。

天井を見上げた様子。柱や屋根の骨組みが見えます。

窓から入る光や風は、スダレの上げ下げで調節しました。

暖かさの歴史

人間は、昔から寒いときに暖かさを得るためにさまざまなしかけを考えてきました。昔の日本では、直接火を囲む「いろり」や「火鉢」、そして火鉢を応用した「行火」や「こたつ」、衣服の中に入れて暖をとる「カイロ」など、体の一部を温める方法が主流でした。江戸時代に「ストーブ」が伝わり、その後「ファンヒーター」や「エアコン」が開発されると、室内全体を暖める方法が広まりました。一方、冬に特に寒くなるヨーロッパの国ぐになどでは、昔から壁の中や床の下に熱気を通して、放射熱で室内全体を暖める方法が主流でした。暖かさを得るために何がつくられてきたのか、「暖かさの歴史」をひもといてみましょう。

カイロ

使いきりタイプのカイロ
袋から出して振るだけで温まる、日本で発明された「使いきりタイプのカイロ」

カイロの原型は、江戸時代ごろ、温めた石を、衣服の胸もと（懐）に入れた「温石」が原型といわれています。明治時代には灰を容器の中で燃やすカイロが使われ、大正時代にはベンジンと白金を化学反応させた熱を利用したカイロが広まりました。

1978年に、鉄粉などの化学反応による発熱を利用したカイロが発売されると、いっきに広まりました。現在は、電池式のものや、熱をためる材料を電子レンジで加熱して使うものなど新しいタイプのカイロが開発されています。

行火とこたつ

行火
左にある器に炭火を入れて使った陶器製の「行火」

陶器や金属製の箱の中に炭火を入れた「行火」は、持ち運びができる小型の暖房器具として重宝されていました。室町時代には、行火の上に木枠を組み、布団をかけた「こたつ」に発展しました。床を掘り下げた「掘りごたつ」や、折りたたみ式のこたつもあります。熱源が炭から電気になった今でも、座って生活する日本の住宅になじむ暖房器具として使い続けられています。

ストーブ

日本初のストーブは、ヨーロッパから伝わったものを手本にして北海道で生まれました。室内全体を暖めるものとして「ヘヤヌクメ」ともよばれ、全国に広まりました。昭和の中頃まで、学校では鉄製の丸いだるまストーブが使われ、校内には燃料のコークス（石炭を加工した燃料）を置く場所がありました。燃料は、石炭からガスや石油、電気と移り変わりましたが、今も一般的に使い続けられている暖房器具です。

だるまストーブ
胴周りが丸いことから、だるまストーブとよばれていた鋳鉄製の「ストーブ」

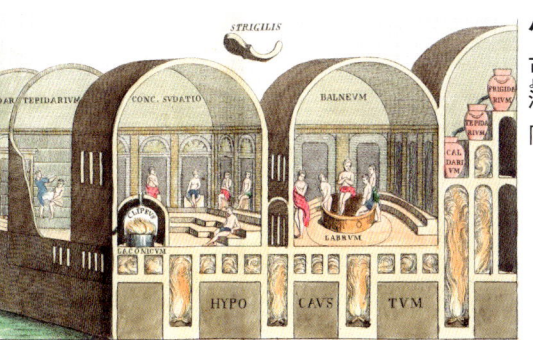

ハイポコースト
古代ローマの公共浴場に備わった「ハイポコースト」

床下・壁付暖房（放射暖房）

古代ローマで使われた「ハイポコースト」は、炉で燃やした熱気を床下に通して、その放射熱で部屋を暖める方式なので、室内の空気を汚さず暖めることができました。中国の「カン」、韓国の「オンドル」も同じようなしくみです。また、炉を壁の中に入れた「壁付暖炉」も、壁のまわりをおおうレンガやタイルに熱がたまり、その熱がゆっくり室内に伝わる放射暖房です。ロシアの「ペチカ」、ドイツの「カッフェルオーフェン」などがあります。

セントラルヒーティング

20世紀に入ると、ハイポコーストから壁付暖炉に至る放射暖房の考え方が基になり、熱した温水を建物にめぐらせて部屋を暖める「セントラルヒーティング」という暖房方法へと発展しました。北ヨーロッパの都市では、地域全体に熱を送り、各家庭に備わっている放熱器（ラジエーター）で暖房する方法が一般的になっています。

ラジエーター
窓下に備えつけられた「ラジエーター」

暖かさをつくる道具年表

約1万2000年前～ 縄文時代	室内で火を燃やす「炉」がつくられる
紀元前200年ごろ	中国で鉄の「ストーブ」がつくられる
紀元前100年ごろ	古代ローマで床下暖房「ハイポコースト」がつくられる
600年ごろ	韓国で床下暖房「オンドル」がつくられる
794～1192年ごろ 奈良時代	中国から「火鉢」や「行火」が伝わる
1100年～1800年ごろ	「温石」が広まる
1100年ごろ	ヨーロッパで「壁付暖炉」がつくられる
1338～1573年ごろ 室町時代	中国から「湯たんぽ」が伝わる。「こたつ」が広まる
1400年ごろ	ヨーロッパで「ストーブ」がつくられる
1600年ごろ	灰を入れた「カイロ」が広まる
1856年	日本初の「薪ストーブ」が北海道でつくられる
1930年ごろ	石炭、ガス、電気を燃料とする「ストーブ」が広まる
1961年	冷暖房のできる置型「エアコン」が発売される
1978年	使い捨てタイプの「カイロ」が発売される
1980年ごろ	ガス・石油・電気を燃料とする「ファンヒーター」が広まる

暖房器具とのかしこいつきあい方

暖房器具は、寒い室内を暖かく快適な状態にする装置です。
でも、寒いからといって一日中暖房器具をつけていると、体の調子が悪くなることもあります。
また、エネルギーのむだ使いにもつながります。
ここでは、暖房器具とかしこくつきあうための3つの知恵を紹介します。

1 温度を上げすぎない

寒いからといって、エアコンなどの設定温度を高くしすぎていませんか。冬でも室内で夏のような衣服ですごせることが快適なくらしではありません。室内が暑いと感じるまで設定温度を上げず、暖房器具を一時的に消すなど、こまめに調整する習慣をつけましょう。また、暖房を使っている部屋と使っていない部屋の温度差が大きいと、移動したときに、急激な温度変化によって血圧が上がり、体にとって大きな負担になります。こうした温度差をなくすためには、住まいの断熱などに工夫が必要ですが、ふだんから寒いときにはもう1枚着るなどして、暖房器具だけにたよりきらないくらしを心がけましょう。

2 空気をめぐらせる

暖かい空気は天井近くにたまり、冷たい空気は下に流れる性質があります。空気を暖めるタイプのエアコンやファンヒーターなどを使う場合、空気をうまくめぐらせることが大切です。室内の上下に温度差をつくらないためには、暖房器具を窓の近くに置き、室内にむかって熱風を出すように向けるのが効果的です。エアコンは、ふき出し口の風向きを下向きにして、熱風が壁にそって床に流れるようにするとよいでしょう。

こまめに換気をする

閉め切った室内の空気中には、時間がたつにつれて湿気やホコリ、ニオイなどがたまります。ガスや石油を使うストーブやファンヒーターを使うと、ガスや灯油を燃やすときに出る二酸化炭素などで部屋の空気を悪化させます。息苦しくなる前に、よごれた空気を外に出して新鮮な空気に入れかえる「換気」をしましょう。また、換気は結露を防いで、カビやダニを予防することにもつながります。換気で大切なことは、空気の入口と出口をつくることです。窓や戸だけでなく、台所や浴室、トイレなどにある換気扇も大切な空気の出入口です。換気扇を回し、反対側の窓を開けておけば、風のない日でもすばやく家の中を空気が流れます。窓と窓、窓と換気扇など、なるべく対角線でむかいあう2ヶ所以上を開けて、空気の通り道をつくりましょう。冬でも、天気のよい日中には1時間に1回、5分くらいを目安に換気をすることを心がけましょう。

暖房器具のタイプ

冬とても寒いときには、暖房器具を使って暖かさをつくることも必要です。暖房器具は、暖め方のちがいによって大きく2つのタイプに分けられます。

『体を温めるタイプ』の器具は、放射された赤外線の熱が物や体にあたって温まる、もしくは体がふれたところに熱が伝わるので、すぐに暖かさを感じることができます。代表的なものに、こたつ、ホットカーペット、ヒーターや電気ストーブなどがあります。一方、『空気を暖めるタイプ』の器具は、温風を出して部屋の空気を対流させて暖めるので、部屋全体を暖めることができます。代表的なものに、エアコン、ファンヒーターなどがあります。例えば、広い部屋の場合は、「ホットカーペットとエアコン」、せまい部屋の場合は「こたつとファンヒーター」などのように、2つのタイプを組み合わせて使うなど、それぞれの暖房器具の特徴をいかした使い方をしましょう。

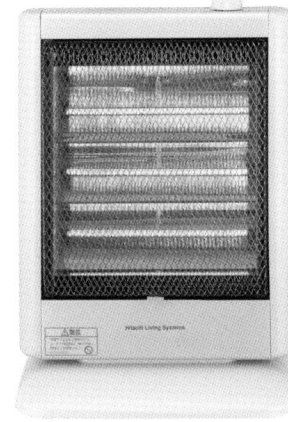

電気ストーブ
背後にある反射板によって放射された赤外線があたった物や人を温めます。

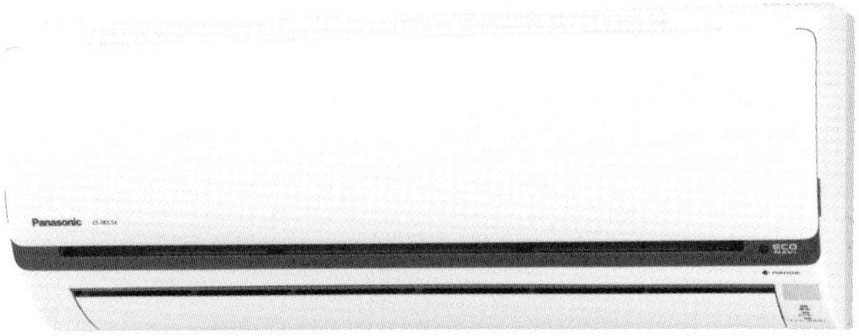

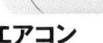

エアコン
寒いときには温風、暑いときには冷風が吹き出し、室内の空気の温度や湿度を調整します。

くらし実験室

湿度計で湿り気をさがそう

「冬は空気が乾くね。」冬は気温が低く湿度も低いので、乾きを感じやすくなります。室内でエアコンをつけると、さらに乾燥しやすくなります。一方で、調理や入浴によって発生する水蒸気をそのままにして換気をしないと、結露の原因にもなります。このように、冬、室内で快適にすごすためには、温度だけでなく湿度にも気を配る必要があるのです。

では、わたしたちの住まいのまわりは、いったいどのくらいの湿度なのでしょうか。「湿度計」で家や学校などの湿度が高い場所をさがして、合わせて温度もはかってみましょう。

寒さと湿度　よく知ろう

空気中に含まれる水分の割合を「湿度」といいます。空気は温度が上がるとふくらむ性質があり、それにともなって、含むことのできる水分量が大きくなり、温度が下がると含むことができる水分量が小さくなります。このような理由から、気温が低い冬は湿度も低く、空気が乾燥して皮膚からの蒸発がおきやすくなるので、寒く感じます。はだ寒いな、と感じたら、室内の湿度を少し上げると寒さを感じにくくすることができます。

$$\text{湿度は} \frac{\text{この空気に含まれる実際の水分量}}{\text{この空気が含むことができる最大の水分量}} \times 100$$

として、パーセント[%]で表されます。

●いろいろな湿度計　私たちのくらしの中で使われているさまざまな湿度計を紹介します。

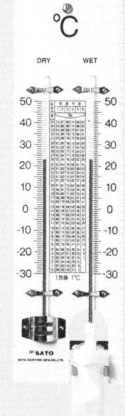

左の温度計は、気温を示し、右の湿らせた布を巻いた温度計は、湿った布の温度を示しています。空気が乾燥すると水が蒸発して布の温度が下がる性質を利用して、気温と湿った布の温度の差から、湿度を求めるしくみになっています。

左側が温度、右側が湿度を表しています。

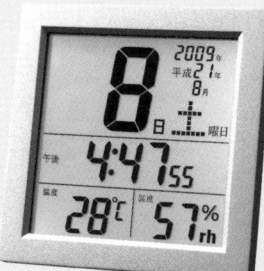

時計や年月表示もついたデジタル方式。

調べよう

湿度計で

はかりたい場所の湿度と気温を書きこむ「はかるシート」をつくってみよう。

1. 自分の住まいや学校の教室など、湿度をはかりたい場所の見取り図を描きましょう。

2. 「一番湿っていると思う場所ベスト3」を選んで、湿度の予想と、その場所を選んだ理由も書きましょう。

3. 選んだ3ヶ所をまわって湿度をはかりましょう。湿度は「湿度計」を3分間以上おいた後の値を書きましょう。このとき、合わせて温度もはかりましょう。

4. 予想と実際の湿度を比べながら「はかるシート」に気がついたことを書きましょう。

 考えるポイント

- 予想と実際の湿度はちがいましたか。予想と近かった理由、遠かった理由を考えてみましょう。
- 実際に湿度が高かった場所は、なぜ湿っていたのか、その原因を考えてみましょう。
- 自分の感じた「湿り気」と、実際の湿度や気温、風の吹き方にはどんな関係があるのか、考えてみましょう。
- 同じ場所で、朝・昼・夜と、はかる時間を変えたり、季節を変えてはかってみましょう。
- 住まいの中や外に湿度計をいくつか置いて、何週間か同じ時間にはかってみましょう。

どんなちがいがあるのか考えてみましょう！

[監修]宿谷昌則●しゅくやまさのり

東京都市大学環境情報学部環境情報学科教授。工学博士。主な著書に、『光と熱の建築環境学』(丸善、1993年)、『自然共生建築を求めて』(鹿島出版会、1999年)、『エクセルギーと環境の理論』(編著、井上書院、2010年)『住育ことはじめ』(小学館、2010年)など。1991年に空気調和衛生工学会論文賞、2001年に日本建築学会論文賞を受賞。

[著]鈴木信恵●すずきのぶえ

住環境デザイン・子ども・温熱感覚をキーワードに研究活動を行いながら、自然をいかした住環境の大切さをユニークなプログラムで伝えている。主な共著に、『学校のなかの地球』(技報堂出版、2007年)、『設計のための建築環境学』(彰国社、2011年)、武蔵工業大学大学院修士課程修了(環境情報学)。

写真協力	AGCグラスプロダクツ株式会社／旭電機化成株式会社／出雲市役所／金沢市／株式会社アイシー／株式会社佐藤計量器製作所／株式会社日立リビングサプライ／川越市立博物館／岐阜県白川村役場／岐阜女子大学デジタルミュージアム／塩沢商工会／十日町博物館／日本民家集落博物館／パナソニック株式会社／北海道立北方民族博物館／室戸市役所／野外民族博物館リトルワールド／有限会社直井建築工房／ロッテ健康産業株式会社
ブックデザイン	須藤康子＋島津デザイン事務所
編集コーディネート	由比
イラスト原案	鈴木信恵
イラスト作成	安田ねむ

図解こどもエコライフ
寒さとくらし

発行	2012年4月10日　第1刷発行 2020年4月 1日　第5刷発行
監修	宿谷昌則
著	鈴木信恵
発行者	中村宏平
発行所	株式会社ほるぷ出版 〒101-0051　東京都千代田区神田神保町3-2-6 TEL 03-6261-6691　FAX 03-6261-6692 http://www.holp-pub.co.jp
印刷	株式会社シナノ
製本	株式会社ハッコー製本

NDC590　210×275mm　44P
ISBN978-4-593-58620-2